Äpfel & Birnen

das Beste vom Herbst

> Autor: Reinhardt Hess | Fotos: Jörn Rynio

Inhalt

Die Theorie

Die Rezepte

Extra

➤ **GU Serviceseiten**

Obst für alle Fälle

Eines ist sicher: Äpfel gibt es bei uns immer. Frühe Sorten, späte Sorten, Lageräpfel und im Frühjahr Äpfel von der Südhalbkugel. Birnen sind da nicht ganz so flexibel und halten sich eher an die Herbstsaison. Erst recht die Quitten, die es bei uns nur von September bis November gibt. Wer selbst Obstbäume im Garten hat, weiß, dass immer »zu viele« Früchte auf einmal reif sind. Doch man kann sie ja einmachen, zu Konfitüre kochen, Kuchen backen, pikante Gerichte damit zubereiten und noch vieles mehr. Wie sagte doch ein gewisser J. T. Stinson vor weit über 100 Jahren: »An apple a day keeps the doctor away« ein Apfel am Tag hält den Arzt fern. Und er wurde damit 92 Jahre alt.

Einkauf und Lagerung

2 *In einer Plastiktüte bleiben Äpfel länger frisch.*

1 | Der Einkauf

Ob Obst richtig reif ist und schmeckt, sieht man ihm von außen oft nicht an. Es gibt grüne Äpfel wie den Glockenapfel, die erst nach längerer Lagerung gelb werden, und rote Äpfel wie den McIntosh, der innerlich durchaus unreif daher kommen kann. Ein Anhaltspunkt ist der ehemalige Blütenansatz gegenüber dem Stiel: ist er nach innen eingesunken, dann wurde das Obst reif geerntet. Eine glänzende, pralle Schale verrät, dass Apfel oder Birne frisch geerntet oder gut gelagert worden sind. Und eine feine Nase erkennt am Geruch, ob ihm der Apfel schmecken wird.

2 | CA-Lagerung

Je später im Jahr das Obst geerntet wird, desto länger ist es lagerfähig. Wenn wir allerdings im Frühjahr Äpfel aus heimischer Ernte kaufen können, die aussehen wie gerade gepflückt, so verdanken wir das den CA-Lagern. »CA« steht für „»Controlled Atmosphere«, das heißt »kontrollierte Atmosphäre« mit niedriger Temperatur, hoher Luftfeuchtigkeit und Austausch des Luftsauerstoffs gegen Kohlensäuregas. Unter diesen Bedingungen bleiben Äpfel fast bis zur nächsten Ernte frisch.

3 | Zu Hause lagern

Für eine kurze Aufbewahrung steckt man Äpfel und Birnen am besten in eine Plastiktüte, verschließt diese und sticht ein paar Löcher mit einer Nadel ein. Die Löcher verhindern, dass sich Kondenswasser bildet, die »Kontrollierte Atmosphäre« in der Tüte hält das Obst einige Tage frisch. Um die eigene Apfel-Ernte länger zu lagern, braucht man einen kühlen und feuchten

Keller. Das Obst auf Lattenrosten oder in stapelbaren Obstkisten mit Abstand auslegen. Regelmäßig durchsehen, ob sich braune Stellen bilden. Solches Obst aussortieren und – nach Ausschneiden der braunen Stellen – sofort verbrauchen. Am besten halten sich kleine, nicht zu reif geerntete Früchte. Außerdem muss die Schale eine schützende Fettschicht haben – die Sorten Boskop und Cox Orange schrumpeln schnell, Glockenapfel, Jonathan und Ontario halten sich wesentlich besser.
Quitten kann man unter günstigen Bedingungen leicht bis nach Weihnachten lagern; Birnen werden schon nach kurzer Zeit überreif und verderben.

1 *Blütenansätze und die glänzende Schale sind Frische-Indikatoren.*

Kernobst vorbereiten

Äpfel, Birnen und Quitten gehören zum Kernobst – weil sie in ihrem Inneren kleine Kerne (die Samen) enthalten. Außen herum schützt eine harte Schale vorm vorzeitigen Verderb (deshalb ist es auch so gut lagerfähig). Die Schale ist von einer dünnen Wachsschicht umgeben. Die nimmt nun bevorzugt die Umweltschadstoffe auf und muss besonders gründlich abgewaschen und am besten noch mit einem Tuch abgerieben werden.

Zum Kochen oder Backen wird das Kernobst meistens geschält, die Kerngehäuse werden entfernt. Weil die Schicht unter der Schale besonders viele Vitamine und Vitalstoffe enthält, sollte die Schale möglichst dünn abgetrennt werden. Damit das Obst dann nicht braun anläuft, legt man es sofort in Wasser mit Zitronensaft.

Schälen

Geht am besten mit einem Sparschäler oder einem Küchenmesser mit gebogener Klinge. Zum Zerkleinern das Obst vierteln und nachputzen.

Kerngehäuse entfernen

Kerngehäuse, Stiel- und Blütenansätze mit einem halbmondförmigen Schnitt ausschneiden. Bei ganzen Äpfeln das Kerngehäuse mit einem Apfelausstecher ausbohren.

Hälften entkernen

Bei längs halbierten Früchten das Kerngehäuse mit einem Kugelausstecher halbkugelig ausstechen. Nicht vergessen, die Stücke in Zitronenwasser zu legen.

Quitten vorbereiten

Mit einem feuchten Tuch kräftig abreiben. Mit kräftigem Messer zerteilen und die Kerngehäuse samt dem angrenzenden körnig-harten Fruchtfleisch ausschneiden.

Boskop: Alte Apfelsorte aus den Niederlanden. Raue, rot-grüne Schale mit zimtbraunem Rost. Fruchtfleisch fest und würzig mit herb-säuerlichem Geschmack, enthält viel Säure und Vitamin C. Die Äpfel werden mit zunehmender Reife mürber. Vielen ist er zum So-Essen zu sauer, ist aber sehr gut zum Backen, Kochen und für Bratäpfel geeignet.

Braeburn: Ziemlich junge Sorte aus Neuseeland, wird auch am Bodensee häufig angebaut. Enthält sehr viel Vitamin C. Mittelgroß, Schale leicht rau, grüngelb, auf der sonnenzugewandten Seite rot gestreift mit kleinen hellen »Sommersprossen«. Fruchtfleisch fest, knackig, fruchtig-säuerlich. Schmeckt prima, gut zum Kochen und Backen.

Cox Orange: Alte Sorte aus England. Relativ kleiner Apfel, gelb-grüne, recht dicke Schale mit rötlich-orangen Streifen. Knackig-festes Fruchtfleisch, das saftig ist und fruchtig und fein säuerlich schmeckt, ein bisschen an Ananas erinnert. Ein Ess- und Kochapfel, für Apfelmus und zu herzhaften Gerichten gut passend.

Elstar: Junge Sorte aus Holland, ein Star unter den Newcomern, der rotbackig aus dem Obstregal leuchtet. Mittelfrühe Sorte, die ab September reif ist und 2 bis 3 Monate eingelagert werden kann. Fruchtig-würziger, eher süßer Geschmack, wenig Apfelsäure. Gut zum Braten und Schmoren geeignet.

Gloster: Eine junge deutsche Apfelsorte, die aus dem »Glockenapfel« des Alten Landes gezüchtet wurde. Länglich-kegelförmige Früchte mit Rippen und rotvioletter, fester Schale. Gut lagerfähig. Das Fruchtfleisch ist weiß, fest und knackig. Ist saftig, schmeckt frisch-säuerlich und mild, gut zum Backen geeignet.

Golden Delicious: Alte Sorte aus Amerika. Schmeckt grün fad, reif und goldgelb dagegen süß, weinsäuerlich und aromatisch. Am besten sind die Äpfel aus kühleren Regionen, wo sie genügend Säure entwickeln können. Ideal zum Backen, für Desserts und Obstsalate, denn das Fruchtfleisch verfärbt sich nur wenig.

Jonathan: Klassische Apfelsorte seit 200 Jahren. Rote Schale mit kleinen gelben Sprenkeln, der typische Nikolaus- und Weihnachtsapfel. Das Fruchtfleisch ist saftig, gerade richtig zwischen knackig und mürbe.
Süßlich-mild und zart säuerlich, der ideale Apfel zum Backen, für Obstsalate und Gelees, Apfelmus und pikante Gerichte.

Williams Christ: Sehr alte Birnensorte aus England, gilt als edelste Birne mit besonders intensivem Aroma. Die glockenförmigen, grünlich bis leuchtend gelben Früchte duften aromatisch, das Fruchtfleisch ist gelblich-weiß, schmelzend und sehr saftig, süßwürzig mit Muskataroma.
Gut zum Einmachen und Dünsten.

Conference: Ebenfalls aus England stammend, meist wie eine bauchige Flasche geformt. Die Schale ist rau und grünlich bis gelblich, typisch sind die vielen braunen Punkte und Flecken um die Kelchpartie. Schmelzendes, gelbweißes Fruchtfleisch. Geschmack saftig, süß und angenehm würzig.
Gut zum Dünsten geeignet.

Abate Fetel: Lange, schlanke, flaschenförmige Früchte, die vor allem aus Italien kommen. Die Schale ist leicht rau und hellgelb bis bräunlich mit Punkten. Das Fruchtfleisch ist weich, nicht körnig, der Geschmack ist schmelzend mild, aromatisch und leicht säuerlich.
Gut zum Dünsten, für Kompott und Desserts.

Gellerts Butterbirne (Beurre Hardy): Junge Sorte, die in Deutschland am häufigsten angebaut wird. Gut lagerfähig. Stumpfe, trockene Schale mit gelblich-rötlicher Farbe. Schmeckt besonders süß und schmelzend mit einem charakteristischen würzigen Aroma.
Gut zum So-Essen, für Salate und zum Pochieren.

Quitte: Birnen- oder apfelförmige, leuchtend gelbe oder grüngelbe Früchte. Die apfelförmigen sind eher hart und holzig, die birnenförmigen meist weicher und aromatischer. Roh sind sie fast ungenießbar, gekocht höchst aromatisch und köstlich. Wegen des hohen Pektingehaltes ideal für Gelees und Konfitüren, aber auch für pikante Gerichte geeignet.

Süße Vorräte mit Äpfeln

Apfelgelee mit Zimt:

Für 4 Gläser (à 1/4 l) 2 kg Äpfel (Boskop) waschen, samt Kerngehäuse kleinschneiden. Mit 2 halbierten Zimtstangen und 4 Zitronenscheiben in einen Topf geben, 1 l Wasser zugießen, aufkochen und zugedeckt 1 Std. köcheln lassen.

Ein Sieb mit einem Leinentuch auslegen, Äpfel samt Saft ins Tuch gießen und fest auspressen. Saft abmessen, mit gleicher Menge Gelierzucker (1:1) verrühren, aufkochen und 4 Min. sprudelnd kochen lassen.

Zimtstangen auf die Gläser verteilen, Gelee heiß darüber gießen, Gläser verschließen.

Apfelkonfitüre mit Thymian:

Für 4 Gläser (à 1/4 l) 1 kg Äpfel (Jonathan) waschen und samt Kerngehäuse in Stücke schneiden. In einem Topf knapp mit Wasser bedecken, aufkochen und zugedeckt 45 Min. köcheln lassen.

Die Äpfel durch ein Sieb streichen, das Püree zurück in den Topf geben, 800 g Zucker und 2 frische Thymianzweige zugeben.

Aufkochen und bei mittlerer Hitze unter Rühren etwa 15 Min. kochen lassen, bis ein Klecks Konfitüre auf einem schräg gehaltenen Teller nicht mehr fließt. In Gläser füllen und verschließen.

Eingemachte Ingwer-Äpfel:

Für 4 Gläser (à 600 ml) 50 g frischen Ingwer schälen und in Scheiben schneiden, mit Saft und Schale von 1 unbehandelten Zitrone, 560 g Zucker und 3/4 l Wasser aufkochen, etwas abkühlen lassen.

1 1/2 kg Äpfel (Braeburn) schälen, ohne Kerngehäuse in dicke Spalten schneiden und in heiß ausgespülte Gläser füllen. Mit der Zuckerlösung übergießen, Gläser verschließen. Auf ein tiefes Backblech mit etwas Wasser stellen, im Backofen bei 125° etwa 1 Std. einkochen lassen. Gläser im Ofen abkühlen lassen.

Apfelkraut mit Honig:

Für 3 Gläser (à 350 ml) 1 1/4 kg Äpfel (Boskop) schälen, vierteln und die Kerngehäuse entfernen. Viertel in dünne Scheiben schneiden, in einem Topf mit 175 ml Weißwein, 1 Zimtstange, 4 Gewürznelken und 1 Streifen Zitronenschale langsam aufkochen lassen.

100 g hellen Honig zugeben und unter Rühren etwa 20 Min. kochen, bis die Masse dickflüssig ist. Sofort in heiß ausgespülte Gläser füllen und verschließen.

Als Beilage zu Wild und Schmorbraten reichen.

Apfel-Birnen-Konfitüre:

Für 4 Gläser (à 350 ml) 2 große reife Birnen (350 g) schälen und vierteln. Kerngehäuse ausschneiden, Birnenviertel klein würfeln. Mit 3/4 l Apfelsaft und 1 kg Gelierzucker (1:1) mischen, aufkochen und 4–5 Min. kochen lassen.

50 g grob gehackte Walnusskerne zugeben, noch kurz erhitzen. Sofort in heiß ausgespülte Gläser füllen und verschließen. Umgekehrt 2 Std. abkühlen lassen, damit die Nüsse sich verteilen.

Apfel-Chutney:

Für 4 Gläser (à 1/4 l) 700 g Äpfel (Cox Orange) schälen, vierteln, Kerngehäuse ausschneiden. Viertel in 1 cm dicke Scheiben schneiden, mit 4 EL Zitronensaft beträufeln. 2 Zwiebeln, 4 Knoblauchzehen und 30 g frischen Ingwer schälen, klein würfeln.

Alles mit 2 TL Fünf-Gewürze-Pulver und 1/2 TL Cayennepfeffer in einen Topf geben, 1/2 l Wasser und 200 ml hellen Essig zugeben, salzen und 20 Min. köcheln lassen. Heiß in Gläser füllen und verschließen.

Im Kühlschrank etwa 3 Monate haltbar.

»Apfel-Korn«:

Für 1 Flasche (3/4 l) 2 möglichst rotwangige Äpfel (Jonathan) gründlich waschen, Stiele und Blütenansätze entfernen, Äpfel samt Kerngehäuse klein schneiden. Mit 4 Gewürznelken in eine weithalsige Flasche füllen, 600 ml Doppelkorn darüber gießen.

2–3 Wochen ziehen lassen, ab und zu schütteln. Den Extrakt durch einen Kaffeefilter gießen. 40 g Zucker mit 100 ml Wasser aufkochen, abkühlen lassen.

Sirup zum »Apfel-Korn« rühren, in Flaschen füllen, noch einige Tage ziehen lassen.

Apfelschalen-Essig:

Für 1 Flasche (3/4 l) die Schalen von 5 gut gewaschenen Äpfeln in eine weithalsige Flasche geben und mit 3/4 l Weißweinessig (6 % Säure) übergießen.

Essig hell und warm etwa 2 Wochen stehen lassen, ab und zu die Flasche schütteln.

Den Apfelschalenessig durch einen Kaffeefilter seihen und kühl und dunkel aufbewahren (oder die Schalen in der Flasche belassen, das sieht dekorativ aus). Für zarte Salate verwenden.

Süße Vorräte mit Birnen und Quitten

Birnen-Nelken-Mus:

Für 4 Gläser (à 400 ml) 1 unbehandelte Zitrone waschen, Schale dünn abschälen. Zitrone auspressen, Saft und Schale mit 700 ml Wasser in einen Topf geben.

2 kg Birnen schälen, vierteln und die Kerngehäuse entfernen. Birnenviertel in Stücke schneiden, ins Zitronenwasser legen. Aufkochen und zugedeckt 15 Min. köcheln lassen, bei Bedarf Wasser ergänzen. Birnen mit dem Pürierstab zerkleinern.

700 g Zucker und 4 Gewürznelken zugeben, erneut aufkochen, 10 Min. ziehen lassen. In Gläser füllen und sofort verschließen. Ein feiner Brotaufstrich.

Birnen-Pflaumen-Topping:

Für 4 Gläser (à 350 ml) 4 reife Birnen schälen, ohne Kerngehäuse in kleine Würfel schneiden, mit 4 EL Zitronensaft beträufeln. 550 g reife Pflaumen waschen, entsteinen und in Stücke schneiden.

Birnen und Pflaumen wiegen, in einem Topf mit der gleichen Menge Zucker (knapp 1 kg) bestreuen und zugedeckt 5 Std. Saft ziehen lassen.

Unter Rühren aufkochen, 10 Min. köcheln lassen. 4 EL Orangenlikör zugeben. Sauce in Gläser füllen und fest verschließen. Eine ausgefallene Dessertsauce, z. B. zu Vanille- oder Grießpudding.

Birnen süß-sauer:

Für 4 Gläser (à 1/2 l) 1 1/2 kg feste Birnen (Forelle) schälen und in Schnitze schneiden, Kerngehäuse entfernen.

650 ml Weißweinessig mit 650 ml Wasser, 250 g Zucker, 2 EL Salz, 6 Gewürznelken und 4 TL Senfkörnern aufkochen, Birnenschnitze darin 10 Min. köcheln lassen.

Birnenschnitze in Gläser füllen. Sud noch einmal aufkochen lassen, über die Birnen gießen. Gläser verschließen, kühl und dunkel aufbewahren.

Als Beilage zu Braten servieren.

Birnen-Senffrüchte:

Für 4 Gläser (à 350 ml) 1 kg Birnen und 350 g Äpfel schälen, vierteln und die Kerngehäuse entfernen, die Viertel in 2 cm große Stücke schneiden.

1 kg Zucker mit 175 ml Weißweinessig (6 % Säure) und 175 ml Wasser aufkochen lassen. Obst portionsweise darin 3–4 Min. kochen. Mit einer Schaumkelle in Gläser füllen. 30 g Senfkörner zum Sud geben, 5 Min. kochen lassen.

Senfsud kochendheiß über die Obststücke gießen, Gläser verschließen, kühl und dunkel aufbewahren.

Als Beilage zu Fleischgerichten, v. a. Wild, servieren.

Quittengelee mit Rum:

Für 4 Gläser (à 350 ml) 2 kg Quitten waschen und abreiben. Gut 2 l Wasser mit 6 EL Zitronensaft mischen, Quitten in Stücke schneiden, ins Zitronenwasser legen. Aufkochen und zugedeckt 1 Std. köcheln lassen.

Quitten in ein Sieb füllen (die Stücke für Konfitüre, siehe nebenstehendes Rezept, verwenden). Den Saft auffangen, abmessen und mit der gleichen Menge Gelierzucker 1:1 (ca. 1 kg) verrühren. Aufkochen und 4 Min. kochen lassen.

6 EL braunen Rum unterrühren. Saft in Gläser füllen und verschließen. Schmeckt toll auf Butterbrot.

Quittenmus:

Für 3 Gläser (à 350 ml) abgetropfte Quittenstücke vom Gelee durch ein Passiersieb streichen, wiegen und mit der halben Gewichtsmenge Zucker (z. B. auf 1 kg Quittenmus 500 g Zucker) vermischen. Aufkochen und unter Rühren 10 Min. kochen lassen. Für ein flüssigeres Mus noch etwas Wasser zugeben.

Mus in heiß ausgespülte Gläser füllen und 30 Min. einkochen lassen (siehe Seite 64/65).

Als Brotaufstrich, für den Krüschkuchen (Seite 42) oder den Quittenkäse (Seite 56) verwenden.

Gewürz-Quitten:

Für 3 Gläser (à 350 ml) 1 kg Quitten schälen, vierteln und die Kerngehäuse entfernen. Quitten in Spalten schneiden, in einem Topf mit 2 EL Salz bestreuen, mit Wasser bedecken. Aufkochen, 10 Min. offen kochen lassen.

Quitten mit einem Schaumlöffel herausheben, Sud mit 500 g Zucker, 1/4 l Essig und 1 TL Korianderkörnern bei starker Hitze 5 Min. kochen. Quittenstücke wieder zugeben, zugedeckt 30 Min. köcheln lassen.

In Gläser füllen und verschließen. Als Beilage zu Kurzgebratenem servieren.

Quittenlikör:

Für 1 Flasche (3/4 l) 3 gelbe Quitten gut waschen und abreiben. Quitten schälen und die Schalen in eine weithalsige Flasche füllen. Mit 650 ml Doppelkorn übergießen. Flasche verschließen und 1 Monat ziehen lassen.

Dann 80 g Zucker mit 80 ml Wasser aufkochen, abkühlen lassen. Den Quittenschalen-Ansatz zum Sirup geben, gut durchrühren, durch einen Kaffeefilter seihen und in eine Flasche füllen. Gut verschließen und noch einige Tage ruhen lassen.

Warme und kalte Kleinigkeiten

Eine Kombination aus süß und pikant ist immer gut für appetitanregende Vorspeisen, für Suppen und Dips. Vor allem herbwürzige Zutaten wie Matjes, Blutwurst und Salat kommen durch Äpfel und Birnen besonders zur Geltung. Da gibt es schon einiges zu entdecken, was gut gegen den kleinen Hunger ist. Und gesund wird es mit Obst auf jeden Fall.

Blitzrezepte

Apfel-Kohlrabi-Suppe

FÜR 4 PERSONEN

➤ 2 Kohlrabi mit Grün | 2 Äpfel (Cox
Orange) | 2 EL Butter | 1 l Gemüse-
brühe | 200 g Sahne | Salz | Pfeffer
Muskatnuss, frisch gerieben

1 | Kohlrabi und Äpfel waschen, zartes
Kohlrabigrün beiseite legen. Kohlrabi
und Äpfel schälen, Äpfel entkernen. Beides
klein würfeln und in Butter etwa 7 Min.
andünsten. Brühe aufgießen, zugedeckt
10 Min. bei mittlerer Hitze köcheln lassen.

2 | Sahne zugießen, alles mit dem Pürier-
stab glatt mixen. Suppe erwärmen und
mit Salz, Pfeffer und Muskat abschmecken. Kohlrabigrün hacken und über
die Suppe streuen.

Birnen-Möhren-Quark

FÜR 4 PERSONEN

➤ 1 große Möhre | 1 reife, feste Birne
(Williams Christ) | 1 TL Zitronensaft
250 g Quark (10 %) | 2 EL Sahne
Salz | weißer Pfeffer | 1 EL Schnitt-
lauchröllchen

1 | Möhre und Birne waschen, schälen
und putzen, beides fein raspeln. Raspel
mit Zitronensaft vermischen und unter
den Quark rühren. So viel Sahne untermischen, dass der Quark cremig ist. Mit
Salz und Pfeffer würzen und mit Schnitt-
lauch bestreuen.

2 | Mit Pellkartoffeln oder als Dip mit
rohem Gemüse servieren.

originell
Waldorf-Dip

FÜR 4 PERSONEN

- ➤ 4 Stangen Staudensellerie
  2 kleine rotwangige Äpfel (Jonathan)
  1 kleine Zwiebel
  1 EL Butter
  150 g Crème fraîche
  1 Dose Ananasstücke (ungesüßt, 230 g Einwaage)
  1 TL Steinpilz-Hefebrühe, ersatzweise dunkle Sojasauce
  Salz | Pfeffer
  Cayennepfeffer
  1 EL grob gehackte Walnusskerne

- ⏱ Zubereitung: 45 Min.
- ➤ Pro Portion ca.: 275 kcal

1 | Selleriestangen waschen und entfädeln, in 1/2 cm breite Stücke schneiden. Äpfel waschen, ungeschält entkernen und in Würfel schneiden. Zwiebel schälen und hacken.

2 | Butter bei mittlerer Hitze zerlassen, Zwiebelwürfel etwa 5 Min. glasig dünsten. Sellerie und Äpfel zugeben, Crème fraîche und Ananassaft angießen, mit Hefebrühe, Salz, Pfeffer und Cayenne würzen. Bei mittlerer Hitze offen etwa 15 Min. dünsten.

3 | Ananasstücke zugeben und kurz erhitzen. Mit Walnüssen bestreuen.

- ➤ Passt zu: Bratenaufschnitt oder Schinken als Dip. Oder als Beilage zum Fleisch-Fondue servieren.

Spezialität aus China
Apfel-Pflaumen-sauce

FÜR 4 PERSONEN

- ➤ 200 g frische Pflaumen
  1 kleiner Apfel (Boskop)
  2 EL braune Bohnenpaste (ersatzweise Hoisin-Sauce)
  2 EL Mango-Chutney (Glas)
  2 EL chinesische Sojasauce
  4 EL Zucker
  2 EL Essig
  1 TL Salz

- ⏱ Zubereitung: 30 Min.
- ⏱ Garzeit: 30 Min.
- ➤ Pro Portion ca.: 100 kcal

1 | Pflaumen mit kochendem Wasser überbrühen, häuten, halbieren und entsteinen. Apfel schälen, vierteln und entkernen, in Stücke schneiden. Pflaumen- und Apfelstücke im Mixer mit den übrigen Zutaten und 125 ml Wasser 30 Sekunden pürieren.

2 | Püree in eine Kasserolle füllen, aufkochen und zugedeckt 30 Min. köcheln lassen, dabei ab und zu umrühren. Abkühlen lassen.

- ➤ Passt zu: Chinesischen Gerichten mit Schweinefleisch oder Ente als pikante Sauce.

TIPP
Die doppelte Menge Sauce zubereiten, die Hälfte noch heiß in Schraubdeckelgläser füllen und verschließen. Hält sich etwa 6 Monate im Kühlschrank.

schnell | preiswert

Matjestatar in Äpfeln

FÜR 4 PERSONEN

➤ 4 Matjesfilets in Öl
2 Schalotten
2 Äpfel (Royal Gala)
2 TL Zitronensaft
1 EL Kapern
1 EL Dillspitzen
Salz | weißer Pfeffer
Dillzweige zum Garnieren

🕐 Zubereitung: 25 Min.
➤ Pro Portion ca.: 340 kcal

1 | Matjesfilets abtropfen lassen und mit Küchenpapier trockentupfen, ganz klein würfeln. Schalotten schälen und würfeln, zu den Matjes geben. Äpfel waschen, trockenreiben und »durch den Äquator« halbieren. Kerngehäuse ausstechen. Die Hälften bis auf einen 1/2 cm breiten Rand aushöhlen und mit Zitronensaft beträufeln. Das Apfelfleisch klein würfeln und unter die Matjes rühren.

2 | Kapern hacken, mit den Dillspitzen unterrühren, mit Salz und Pfeffer abschmecken. Die Mischung in die Äpfel füllen, mit Dillzweigen garniert servieren.

➤ Getränk: trockener Weißwein (Landwein aus Sachsen) oder herber Apfelwein (Speierling)

originell | schnell

Gebratener Blutwurstsalat

FÜR 4 PERSONEN

➤ 2 Zwiebeln
2 kleine Äpfel (Braeburn)
500 g harte geräucherte oder luftgetrocknete Blutwurst
2 EL Pflanzenöl
Für das Dressing:
1 EL Weizenkeimöl
1 TL scharfer Senf
4 EL Apfelessig (Obstessig)
Salz | Pfeffer
1 TL frische Majoranblättchen

🕐 Zubereitung: 30 Min.
➤ Pro Portion ca.: 485 kcal

1 | Zwiebeln schälen und in Scheiben schneiden, zu Ringen aufblättern. Äpfel waschen, Kerngehäuse ausstechen, Äpfel in Scheiben schneiden. Blutwurst ebenfalls in Scheiben schneiden.

2 | In einer Pfanne das Öl erhitzen, die Zwiebeln bei mittlerer Hitze in 7–10 Min. hellbraun anbraten. Apfel und Blutwurst zugeben und alles unter Wenden etwa 5 Min. braten. Die Mischung auf Tellern anrichten.

3 | Für das Dressing Keimöl, Senf, Apfelessig, Salz, Pfeffer und Majoran verrühren, über den Wurstsalat träufeln. Lauwarm mit frischem Roggen-Mischbrot servieren.

➤ Getränk: trockener Weißwein mit nicht zu viel Säure (Gutedel aus Baden)

Spezialität aus New York
Eisberg-Birnen-Salat

FÜR 4 PERSONEN

➤ 1 kleiner Eisbergsalat

1 reife Birne (Williams Christ)

2 TL Zitronensaft

4 EL Leinöl

2 TL Dijon-Senf

150 g Ziegenmilch-Joghurt (ersatzweise Vollmilch-Joghurt)

Salz | weißer Pfeffer

🕐 Zubereitung: 15 Min.

➤ Pro Portion ca.: 145 kcal

1 | Vom Salat die äußeren Blätter entfernen. Das Salatherz vierteln und in Streifen schneiden, waschen und abtropfen lassen. Birne schälen und halbieren, Kerngehäuse ausstechen. Birne in feine Spalten schneiden, sofort mit Zitronensaft beträufeln.

2 | Das Leinöl mit Senf und Joghurt in einen Mixbecher geben, mit Salz und Pfeffer würzen. Kräftig schütteln, bis eine cremige Sauce entstan-

den ist. Die Sauce über den Salat träufeln, gleich servieren.

TIPP Leinöl ist ein würziges, leichtes Öl mit vielen mehrfach ungesättigten Fettsäuren. Es wird in kleine Flaschen abgefüllt, die nach dem Öffnen in den Kühlschrank gehören, weil das Öl schnell ranzig wird.

raffiniert | für Gäste
Feldsalat mit Äpfeln und Speck

FÜR 4 PERSONEN

➤ 250 g Feldsalat

6 Scheiben Frühstücksspeck (Bacon)

2 kleine Äpfel (Boskop oder Cox Orange)

1 EL Sonnenblumenöl

50 g Walnusskerne

1 TL Puderzucker

Salz | Pfeffer

3 EL Apfelessig

🕐 Zubereitung: 30 Min.

➤ Pro Portion ca.: 185 kcal

1 | Feldsalat putzen, mehrmals waschen, gut abtropfen lassen oder vorsichtig in der Salatschleuder trocknen.

2 | Frühstücksspeck in schmale Streifen schneiden. Äpfel schälen, vierteln, Kerngehäuse entfernen. Apfelspalten in Würfel schneiden.

3 | In einer Pfanne das Öl bei mittlerer Hitze erhitzen. Walnüsse kurz darin anrösten, herausheben und auf Küchenpapier abtropfen lassen. Im verbliebenen Öl die Speckstreifen in 3–4 Min. knusprig braten, herausheben und abtropfen lassen. Die Apfelwürfel ins Öl geben, mit Puderzucker bestäuben und unter Wenden goldgelb braten.

4 | Feldsalat anrichten, salzen und pfeffern, mit Apfelessig beträufeln. Die heißen Apfelwürfel samt Bratöl darüber geben, mit Walnüssen und Speck bestreut servieren.

➤ Getränk: fruchtig-herber Roséwein (ein Côtes de Provence aus Frankreich)

preiswert | für Kinder
Apple-Burger

FÜR 4 PERSONEN

➤ 400 g mageres Hackfleisch (Rind)

1 TL Paprikapulver, edelsüß

1 TL Worcestersauce

Salz | Pfeffer

1 große Zwiebel

1 großer Apfel (Braeburn)

2 TL Zitronensaft

4 Hamburger-Brötchen (Buns)

2 EL Pflanzenöl

2 EL Apfelsaft

4 Kirschtomaten

Tomaten- oder Curry-Ketchup

🕐 Zubereitung: 25 Min.

➤ Pro Portion ca.: 435 kcal

1 | Hackfleisch mit Paprika, Worcestersauce, Salz und Pfeffer gründlich verkneten. Aus der Hackmasse 8 flache, runde Hamburger formen und bis zum Braten kühl stellen.

2 | Zwiebel schälen und längs halbieren, quer in feine Scheiben schneiden. Apfel schälen, halbieren und das Kernge-häuse entfernen. Apfelhälften in Spalten schneiden, mit Zitronensaft beträufeln.

3 | Brötchen halbieren und in einer trockenen Pfanne kurz anrösten, herausnehmen. Das Öl erhitzen, die Steaks bei mittlerer Hitze pro Seite 2–3 Min. braten. Heraushe-ben, im Bratfett die Zwiebel unter Rühren goldgelb bra-ten. Apfel kurz anschmoren, salzen und pfeffern, mit Apfelsaft beträufeln.

4 | Brötchen mit Hacksteaks und Zwiebel-Äpfeln füllen. Kirschtomaten auf Spieße stecken, die Brötchen damit garnieren. Ketchup extra dazu servieren.

für Partys
Birnen-Krab-ben-Cocktail

FÜR 4 PERSONEN

➤ 500 g grüner Spargel

Salz

2 gelbe Birnen (Williams Christ)

2 EL Zitronensaft

200 g geschälte Nordsee-krabben

1 Eigelb

1 EL Weißweinessig

1 TL Meerrettich (Glas)

100 ml Sonnenblumenöl

3 EL Joghurt | Pfeffer

Petersilienblättchen zum Garnieren

🕐 Zubereitung: 35 Min.

➤ Pro Portion ca.: 285 kcal

1 | Spargel waschen. Spargel-stangen im unteren Drittel schälen, in 3 cm lange Stücke schneiden. In Salzwasser 10 Min. garen, abgießen und abtropfen lassen. Birnen schälen, vierteln und ohne Kerngehäuse klein würfeln. Mit Zitronensaft und Nord-seekrabben mischen.

2 | Eigelb mit Essig und Meerrettich in einen Becher geben, mit dem Pürierstab mixen, dabei langsam das Öl zufließen lassen. Den Joghurt unterrühren, mit Salz und Pfeffer würzen.

3 | Spargel, Birnen und Nordseekrabben mit der Joghurt-Majonnaise mischen, in Schälchen anrichten und mit Petersilienblättchen gar-niert servieren.

originell | vegetarisch

Apfel-Spinat mit Blätterteighaube

FÜR 4 GRATINFÖRMCHEN

➤ 2 Scheiben TK-Blätterteig
400 g Blattspinat | Salz
2 Knoblauchzehen
1 Apfel (Braeburn)
2 EL Butter | 100 g Sahne
Muskatnuss, frisch gerieben
100 g Ziegenkäse (Rolle)
1 Eigelb zum Bestreichen
Fett für die Förmchen

🕐 Zubereitung: 50 Min.
➤ Pro Portion ca.: 330 kcal

1 | Blätterteig auftauen lassen. Spinat waschen und putzen, in kochendem Salzwasser etwa 3 Min. überbrühen, in ein Sieb gießen, kalt abschrecken und abtropfen lassen.

2 | Backofen auf 220° vorheizen. Förmchen einfetten. Knoblauch schälen und hacken. Apfel schälen, vierteln und entkernen, klein würfeln. Die Butter zerlassen, Knoblauch und Apfel darin bei mittlerer Hitze 2–3 Min.

andünsten. Spinat und Sahne zugeben, 2–3 Min. einkochen lassen. Mit Salz und Muskat würzen.

3 | Apfel-Spinat in die Förmchen füllen. Ziegenkäse in dünne Scheiben schneiden, darauf legen. Blätterteig quer halbieren, obendrauf legen, die Ecken nach innen klappen. Eigelb verquirlen, auf den Teig streichen. Im Backofen (Mitte, (Umluft 200°) 20 Min. backen, bis die Oberfläche schön gebräunt ist. Heiß servieren.

schnell | vegetarisch

Gemüsepuffer mit frischem Birnenmus

FÜR 4 PERSONEN

➤ 400 g Kartoffeln
250 g Möhren
400 g Zucchini
2 Eier (Größe M)
300 g Magerquark
100 g Weizen-Vollkornmehl
Salz | Pfeffer
1 kg reife Birnen (Abate Fetel)

2 EL Zitronensaft
2 Msp. Nelkenpulver
Zucker nach Bedarf
Pflanzenöl zum Braten

🕐 Zubereitung: 30 Min.
➤ Pro Portion ca.: 440 kcal

1 | Kartoffeln und Gemüse waschen, schälen bzw. putzen. Auf der Gemüsereibe grob raspeln. Mit Eiern, 4 EL Quark und so viel Mehl mischen, dass die Masse gebunden ist. Mit Salz und Pfeffer würzen.

2 | Für das Birnenmus Birnen schälen und ohne Kerngehäuse fein raspeln, sofort den Zitronensaft unterrühren. Restlichen Quark und Nelkenpulver untermischen und nach Geschmack süßen.

3 | In einer Pfanne etwas Öl erhitzen. Aus der Gemüsemasse portionsweise 12 Puffer bei mittlerer Hitze etwa 6 Min. pro Seite braten. Heiß mit dem Mus servieren.

TIPP Birnenmus schmeckt auch zu Kartoffelpuffern (tiefgekühlt oder aus dem Päckchen).

Hauptgerichte

Salziges mit süßem Obst zu kombinieren hat eine lange Tradition. Gänse und gebratene Leber mit Äpfeln sind nicht nur im Osten Deutschlands beliebt. In Norddeutschland wird Speck mit Bohnen und Birnen gekocht. Und die leuchtend gelben Quitten findet man in orientalischen Fleischgerichten. Ungewöhnlicher ist die Verbindung von frischem Fisch und Obst, aber auch dafür gibt es genügend Beispiele. Es darf experimentiert werden.

Blitzrezepte

Putenleber mit Äpfeln

FÜR 4 PERSONEN

➤ 500 g Putenleber | Pfeffer | 2 kleine saure Äpfel (Boskop) | 1 EL Zitronensaft | 2 EL Butter | 100 ml Apfelwein, ersatzweise Apfelsaft | Salz

1 | Putenlebern putzen, pfeffern. Äpfel schälen, vierteln und Kerngehäuse entfernen. Apfelviertel in feine Spalten schneiden, mit Zitronensaft beträufeln.

2 | Butter erhitzen, die Lebern bei mittlerer Hitze kurz auf beiden Seiten anbraten, herausheben. Apfelspalten im Fett kurz anbraten, Apfelwein zugießen und aufkochen lassen. Lebern zugeben und noch 1 Min. ziehen lassen. Salzen und gleich servieren.

Schinken mit Honig-äpfeln

FÜR 4 PERSONEN

➤ 4 dicke Scheiben gekochter Schinken 4 EL Semmelbrösel | 2 EL gehackte gemischte Kräuter | 2 EL Butter 4 Äpfel (Elstar) | 2 EL Honig | 2 EL Zitronensaft | Fett für die Form

1 | Backofen auf 225° vorheizen. Auflaufform fetten, Schinken hineinlegen. Brösel, Kräuter und Butter mischen, auf dem Schinken verteilen. Im Backofen (Mitte, Umluft: 200°) 15 Min. backen.

2 | Äpfel schälen, Kerngehäuse ausstechen, Äpfel in Scheiben schneiden. In einer Pfanne mit Honig und Zitronensaft 5 Min. dünsten. Mit Schinken anrichten.

**Spezialität aus Nord-
deutschland**

Buchweizen-
Pfannkuchen
mit Apfelmus

FÜR 4 PERSONEN

➤ 350 ml Milch
   250 g Buchweizenmehl
   Salz | Pfeffer
   800 g Äpfel (Elstar)
   2 EL Rosinen
   2 EL Zitronensaft
   50 g Zucker
   2 Eier | 6 EL Öl
   125 g Frühstücksspeck
   4 EL Preiselbeeren (Glas)

🕒 Zubereitung: 30 Min.
🕒 Quellzeit: 30 Min.
➤ Pro Portion ca.: 815 kcal

1 | Milch erwärmen. Mehl
mit der Milch verrühren,
leicht salzen und pfeffern.
30 Min. quellen lassen.

2 | Äpfel schälen, vierteln,
putzen, würfeln und mit
Rosinen, Zitronensaft und
Zucker langsam erhitzen und
zugedeckt 15 Min. köcheln
lassen, bis die Apfelstücke zer-
fallen. Abkühlen lassen.

3 | Backofen auf 75° anheizen.
Eier unter den Teig rühren.

4 | In einer Pfanne etwas Öl
erhitzen. 2 Speckscheiben
kurz anbraten, etwas Teig
darüber gießen und bei
mittlerer Hitze etwa 4 Min.
braten, wenden und auf der
anderen Seite 3–4 Min. braten. Pfannkuchen im Ofen
warm halten, restlichen Teig
ebenso verarbeiten. Pfannkuchen mit Apfelmus und
Preiselbeeren servieren.

preiswert

Sommer-
Blindhuhn

FÜR 4 PERSONEN

➤ 250 g getrocknete weiße
   Bohnen
   250 g durchwachsener
   Räucherspeck am Stück
   (Gelderländer Bauchspeck)
   600 g vorwiegend fest
   kochende Kartoffeln
   250 g Möhren
   Salz | schwarzer Pfeffer
   350 g breite grüne Bohnen
   2 säuerliche Äpfel
   (Boskop)
   2 kleine feste Birnen
   (Anjou)

1 EL Essig
1 TL Zucker

🕒 Einweichen: 12 Std.
🕒 Zubereitung: 1 3/4 Std.
➤ Pro Portion ca.: 760 kcal

1 | Weiße Bohnen mit kaltem
Wasser bedecken, über Nacht
einweichen.

2 | Bohnen abgießen, mit
knapp 2 l frischem Wasser
und dem Speck aufsetzen,
aufkochen lassen und bei
schwacher Hitze zugedeckt
1 Std. garen.

3 | Kartoffeln und Möhren
schälen. Kartoffeln in Würfel,
Möhren in Scheiben schneiden, zu den Bohnen geben,
mit Salz und Pfeffer würzen.
Die grünen Bohnen putzen
und schräg in 1 cm breite
Streifen schneiden. Dazuge-
ben, alles offen 15 Min.
köcheln lassen.

4 | Äpfel und Birnen schälen,
vierteln, putzen, zum Eintopf
geben und 15 Min. garen. Mit
Salz, Pfeffer, Essig und Zucker
abschmecken. Den Speck in
Streifen schneiden und unter
das Gemüse rühren.

Spezialität aus Kalifornien

Lachsfilet mit Tomaten-Birnen-Salsa

FÜR 4 PERSONEN

➤ 500 g feste Tomaten
1 frische grüne Chilischote
1 Birne (Williams Christ)
1 rote Zwiebel
3 Knoblauchzehen
3 EL Zitronensaft
6 EL Olivenöl
Meersalz
weißer Pfeffer
1 TL gemahlener Kreuzkümmel
1 TL Zucker
1 Stängel Koriandergrün
4 Lachsfilets à 125 g

🕓 Zubereitung: 30 Min.
🕓 Kühlzeit: 3 Std.
➤ Pro Portion ca.: 475 kcal

1 | Stielansätze der Tomaten entfernen. Tomaten kurz überbrühen, häuten und entkernen. Chili putzen. Birne schälen, vierteln, putzen. Alles klein würfeln. Zwiebel und Knoblauch schälen, fein hacken.

2 | Alles mit Zitronensaft und 5 EL Olivenöl mischen. Mit Salz, Pfeffer, Kreuzkümmel und Zucker abschmecken. Koriandergrün in Streifen schneiden und untermischen. Salsa 3 Std. kalt stellen.

3 | Lachsfilets salzen und pfeffern, mit restlichem Olivenöl bestreichen. Grillpfanne erhitzen, die Lachsfilets bei mittlerer Hitze pro Seite 2–3 Min. grillen. Auf Tellern anrichten, Salsa dazu servieren.

raffiniert

Zanderfilet mit Birnen, Bohnen und Speck

FÜR 4 PERSONEN

➤ 2 reife feste Birnen (Forelle)
2 TL Puderzucker
3 EL Butter
500 g zarte grüne Bohnen
Salz
4 Zanderfilets mit Haut à 125 g
1 EL Öl | weißer Pfeffer
6 Scheiben Frühstücksspeck (Bacon)
Fett für die Form

🕓 Zubereitung: 45 Min.
➤ Pro Portion ca.: 625 kcal

1 | Backofen auf 225° vorheizen. Eine flache feuerfeste Form gut einfetten. Birnen schälen, längs halbieren und Kerngehäuse ausstechen. Birnen längs so in dünne Spalten schneiden, dass sie noch an der Stielseite zusammenhängen. In die Form legen, etwas auffächern. Mit Puderzucker bestreuen und mit 1 EL Butter in Flöckchen belegen. Im Backofen (Mitte, Umluft 200°) 15–20 Min. gratinieren.

2 | Bohnen putzen. In kochendem Salzwasser 8 Min. kochen, abgießen, kalt abschrecken und abtropfen lassen.

3 | Zanderfilets salzen und pfeffern. In einer Pfanne restliche Butter mit 1/2 EL Öl erhitzen. Filets auf der Hautseite 5 Min. braten, dann wenden und 3–4 Min. braten.

4 | Speck in schmale Streifen schneiden. Restliches Öl erhitzen, Speck darin in 3–4 Min. leicht anbräunen, Bohnen zugeben, salzen und kurz erhitzen.

schnell | preiswert

Kasseler mit Apfel-Senf-Sauce

FÜR 4 PERSONEN

➤ 1 große Zwiebel

2 säuerliche Äpfel (Boskop)

2 TL Zitronensaft

2 EL Butter

4 Scheiben Kasseler à 125 g

1/4 l Weißwein (ersatzweise Apfelsaft)

200 g Sahne

Salz | gemahlener Piment

2 TL scharfer Senf

⏱ Zubereitung: 30 Min.

➤ Pro Portion ca.: 630 kcal

1 | Zwiebel schälen und ganz fein hacken. Äpfel schälen, vierteln und die Kerngehäuse entfernen. Apfelviertel in kleine Würfel schneiden und mit Zitronensaft beträufeln.

2 | In einer Pfanne die Butter aufschäumen lassen, Kasseler bei mittlerer Hitze auf jeder Seite 2–3 Min. braten, aus der Pfanne heben und warm halten.

3 | Im Bratfett Zwiebel glasig dünsten, Apfelstücke zugeben, Weißwein und Sahne angießen. 5 Min. bei starker Hitze kochen. Mit Salz, Piment und Senf abschmecken. Pfanne vom Herd nehmen, Kasselerscheiben in die Sauce legen und zugedeckt noch 5 Min. ziehen lassen.

gelingt leicht | würzig

Karibische Hackfleisch-Äpfel

FÜR 4 PERSONEN

➤ 700 g Fleischtomaten

1 Zwiebel

2 Knoblauchzehen

2 EL Butterschmalz

200 g Hackfleisch, gemischt

1 TL scharfe Chilipaste (Tube oder Glas)

Salz | schwarzer Pfeffer

4 große Äpfel (Gala)

50 g geriebener Hartkäse (Bergkäse)

1/2 TL getrockneter Thymian

⏱ Zubereitung: 1 Std.

➤ Pro Portion ca.: 305 kcal

1 | Stielansätze der Tomaten entfernen. Tomaten kurz überbrühen, häuten, halbieren und entkernen, Fruchtfleisch würfeln. Zwiebel und Knoblauch schälen, fein hacken. 1 EL Butterschmalz erhitzen, Zwiebel und Knoblauch darin bei mittlerer Hitze goldgelb dünsten. Fleisch unter Rühren bröselig braten. 4 EL Tomaten zugeben, kurz andünsten, mit Chilipaste, Salz und Pfeffer würzen. Vom Herd nehmen.

2 | Backofen auf 190° vorheizen. Äpfel waschen und durch den »Äquator« halbieren, Kerngehäuse ausstechen und die Hälften etwas aushöhlen. Mit Hack füllen, in eine flache Form setzen und mit Käse bestreuen. 150 ml Wasser angießen, im Backofen (Mitte, Umluft 175°) 25 Min. überbacken.

3 | Inzwischen 1 EL Butterschmalz erhitzen, übrige Tomaten andünsten und bei mittlerer Hitze einkochen lassen. Mit Salz, Pfeffer und Thymian würzen. Gefüllte Äpfel auf Teller setzen, mit Tomaten umgießen.

Spezialität aus Hessen

Schmorbraten mit Äpfeln

FÜR 4 PERSONEN

- ➤ 1 kg Rinder-Schmorbraten (aus Schulter oder Keule)
- 2 EL Butterschmalz
- 2 große Zwiebeln
- Salz | schwarzer Pfeffer
- 1/2 l herber Apfelwein (ersatzweise Apfelsaft)
- 150 g frische Pfifferlinge (ersatzweise 15 g getrocknete)
- 300 g reife Tomaten
- 2 säuerliche Äpfel (Boskop)
- 4 EL Sahne

⏱ Zubereitung: 30 Min.
⏱ Garzeit: 2 Std.
➤ Pro Portion ca.: 455 kcal

1 | Fleisch abtrocknen. Butterschmalz erhitzen, das Fleisch kräftig anbraten. Zwiebeln schälen, in grobe Würfel schneiden und zugeben, leicht bräunen, dabei Braten mit Salz und Pfeffer würzen. 125 ml Apfelwein angießen und zugedeckt bei schwacher Hitze 1 1/2 Std. schmoren. Dabei nach und nach restlichen Wein zugießen.

2 | Pilze putzen (getrocknete mit heißem Wasser übergießen, quellen lassen). Stielansätze der Tomaten entfernen. Tomaten überbrühen, häuten und entkernen, grob würfeln. Äpfel schälen und in Spalten schneiden, Kerngehäuse entfernen.

3 | Tomaten, Pilze und Äpfel zum Fleisch geben, würzen und 20 Min. sachte schmoren. Abschmecken und die Sauce mit Sahne abrunden. Braten aufschneiden und mit Sauce und Gemüse anrichten.

preiswert | raffiniert

Hähnchen mit Quitten in Port

FÜR 4 PERSONEN

- ➤ 4 große Hähnchenschenkel
- Salz | Pfeffer
- 8 Scheiben Frühstücksspeck (Bacon)
- 2 Quitten
- 2 EL Zitronensaft
- 70 g Butter
- 100 ml Orangensaft
- 100 ml Portwein (ersatzweise Sherry Amontillado)
- 2 TL grob gestoßene Pimentkörner

⏱ Zubereitung: 35 Min.
⏱ Garzeit: 45 Min.
➤ Pro Portion ca.: 805 kcal

1 | Hähnchenschenkel waschen und trockentupfen. Leicht salzen und pfeffern, mit je 2 Speckscheiben umwickeln, mit Zahnstochern feststecken.

2 | Quitten schälen, vierteln und die Kerngehäuse ausschneiden. Die Viertel in dünne Spalten schneiden, in Zitronenwasser legen.

3 | In einer Schmorpfanne die Hälfte der Butter erhitzen, Quitten darin bei mittlerer Hitze 6–7 Min. leicht braun anbraten. Herausheben, beiseite stellen. Restliche Butter in die Pfanne geben, die Hähnchenschenkel darin pro Seite knapp 10 Min. anbraten. Quitten, Orangensaft und Portwein zugeben, Piment einrühren, mit Salz und Pfeffer würzen. Zugedeckt bei schwacher Hitze 45 Min. schmoren. Sauce abschmecken, Hähnchen mit Quitten servieren.

im Bild vorne: Schmorbraten mit Äpfeln   *im Bild hinten:* Hähnchen mit Quitten in Port ➤

Spezialität aus Katalonien
Gänsekeulen mit Birnen

FÜR 4 PERSONEN
- ➤ 2 große Gänsekeulen
  à 500 g
  Salz | schwarzer Pfeffer
  1 EL Olivenöl | 2 Zwiebeln
  300 ml Hühnerbrühe
  50 g gestiftelte Mandeln
  4 Knoblauchzehen
  1/2 Bund Petersilie
  2 EL Weißweinessig
  4 kleine feste Birnen
  (Conference)
  1 EL Mehl

- 🕐 Zubereitung: 30 Min.
- 🕐 Garzeit: 2 Std.
- ➤ Pro Portion ca.: 970 kcal

1 | Keulen kurz waschen, mit Küchenpapier trockentupfen, rundum salzen und pfeffern.

Öl erhitzen, die Keulen bei mittlerer Hitze in 15 Min. rundum kräftig anbräunen.

2 | Zwiebeln schälen und fein hacken. Die Keulen aus dem Topf heben, das Fett zum größten Teil abgießen (2 EL aufheben). Im verbliebenen Fett Zwiebeln bei mittlerer Hitze in 10 Min. nussbraun anbraten. Keulen zugeben, Brühe angießen und zugedeckt bei schwacher Hitze 2 Std. schmoren. Die Keulen ab und zu mit Schmorsaft übergießen, bei Bedarf etwas Wasser angießen.

3 | Mandelstifte in einem trockenen Pfännchen hellbraun rösten, in einen Mörser geben. Knoblauch schälen und dazupressen. Petersilie waschen und Blättchen dazuzupfen. Alles mit 1 Prise Salz glatt zerreiben. Mit Essig mischen und unter die Schmorsauce rühren.

4 | Birnen schälen, halbieren und die Kerngehäuse entfernen, mit Mehl bestäuben. Die 2 EL Bratfett in einer Pfanne erhitzen. Birnen bei mittlerer Hitze leicht anbräunen, zwischen die Gänsekeulen legen. Alles mit Salz und Pfeffer abschmecken und noch 15 Min. ziehen lassen.

5 | Gänsekeulen in Scheiben aufschneiden, mit den Birnen auf Tellern anrichten.

1 **Keulen vorbereiten**
Keulen im Schmortopf oder einer Bratreine kräftig anbraten.

2 **Paste vorbereiten**
Mandelstifte, Knoblauch und Petersilie im Mörser zerstampfen.

3 **Birnen vorbereiten**
Birnenhälften mit Mehl bestäubt braten.

Spezialität aus Mexiko
Gefüllte Puten-
schnitzel

FÜR 4 PERSONEN

➤ 4 dünne Putenschnitzel
  1 kleine Zwiebel
  2 Knoblauchzehen
  3 EL Butter
  1 säuerlicher Apfel
  1 feste Banane
  1 frische grüne Chilischote
  2 EL Cashewkerne
  2 EL Tomatenmark
  Salz | schwarzer Pfeffer
  2 EL Mehl
  150 ml Hühnerbrühe
  150 ml Weißwein (ersatzweise Hühnerbrühe)

🕐 Zubereitung: 30 Min.
🕐 Garzeit: 30 Min.
➤ Pro Portion ca.: 385 kcal

1 | Putenschnitzel trocken-
tupfen, leicht klopfen. Zwiebel und Knoblauch schälen,
fein hacken. 1 EL Butter erhitzen, Zwiebel und Knob-
lauch darin hellgelb dünsten.
Apfel schälen, putzen und
klein würfeln. Banane schälen
und klein würfeln. Beides zu
den Zwiebeln geben, 5 Min.
dünsten.

2 | Chili aufschlitzen, putzen
und kleinschneiden. Cashews
hacken, beides kurz mitbra-
ten. Tomatenmark untermi-
schen, salzen und pfeffern.

3 | Schnitzel leicht salzen, mit
der Masse füllen, mit Zahn-
stochern zustecken und in
Mehl wenden.

4 | 2 EL Butter erhitzen.
Schnitzel darin bei mittlerer
Hitze pro Seite 5 Min. bräu-
nen. Brühe und Wein angie-
ßen, zugedeckt bei schwacher
Hitze 30 Min. schmoren.

braucht etwas Zeit
Lamm-Tajine
mit Quitten

FÜR 4 PERSONEN

➤ 700 g Lammfleisch ohne
  Knochen
  3 Zwiebeln
  2 Knoblauchzehen
  60 g Butter
  3 EL Tomatenmark
  2 TL Harissa | 2 TL Honig
  je 1/2 TL Korianderkörner
  und Kreuzkümmel
  Salz | schwarzer Pfeffer
  500 g Quitten

  2 TL Zucker
  1 TL Zimtpulver

🕐 Zubereitung: 30 Min.
🕐 Garzeit: 1 Std.
➤ Pro Portion ca.: 600 kcal

1 | Fleisch in große Stücke
schneiden. Zwiebeln und
Knoblauch schälen, würfeln.
In einer Ofenpfanne (mit
Tondeckel) 40 g Butter zerlassen. Fleisch, Zwiebeln und
Knoblauch bei mittlerer Hitze
10 Min. dünsten, ohne zu
bräunen. Tomatenmark,
Harissa, Honig und Gewürze
zugeben, etwa 350 ml Wasser
angießen. Den gewässerten
Tondeckel auflegen, Pfanne
in den kalten Backofen (Mitte) stellen, auf 190° (Umluft
175°) schalten. Alles 45 Min.
garen.

2 | Quitten schälen, vierteln,
Kerngehäuse ausschneiden.
Quitten in Spalten schneiden.
20 g Butter erhitzen, Quitten
bei mittlerer Hitze in 7 Min.
rundum leicht bräunen. Mit
Zucker und Zimt bestreuen
und unter die Tajine mischen,
15 Min. garen. In der Pfanne
servieren.

im Bild vorne: **Gefüllte Putenschnitzel**   *im Bild hinten:* **Lamm-Tajine mit Quitten** ➤

Kuchen und Gebäck

Wer zählt die Kuchen- und Tortenrezepte mit Äpfeln und Birnen? Im Herbst, wenn es Fallobst in Hülle und Fülle gibt, liegt es natürlich nahe, das Obst in Teig einzubacken. Mit Zucker werden auch saure Äpfel und Birnen zu leckerem Kaffeegebäck. Viel zu selten dagegen wandern Quitten in einen Kuchen – dabei überraschen dann gerade sie mit herrlich exotischem Duft und Geschmack. Also: Wer will guten Kuchen backen ... der hat die Qual der Wahl.

Blitzrezepte

Birnentörtchen

FÜR 4 PERSONEN

➤ 2 Scheiben TK-Blätterteig | 2 reife
Birnen (Abate Fetel) | 50 g Zucker
1/2 TL Zimtpulver | 2 EL Butter

1 | Blätterteigscheiben kurz auftauen las-
sen, quer halbieren und etwas ausrollen.
Die Ecken nach innen klappen. Backofen
auf 200° vorheizen.

2 | Birnen schälen, vierteln und ohne
Kerngehäuse in feine Spalten schneiden,
kreisförmig auf dem Blätterteig auslegen.
Zucker mit Zimt mischen, darüber streu-
en. Butter in Flöckchen darauf verteilen.
Im Backofen (Mitte, Umluft 180°) etwa
20 Min. backen. Warm servieren.

Apfel-Ofenschlupfer

FÜR 1 QUICHEFORM (26 CM Ø)

➤ 75 g Butter | 200 g Mehl | 50 g Zucker
1 TL Backpulver | 2 Eier | 150 ml Milch
4 säuerliche Äpfel (Boskop) | Fett für
die Form

1 | Backofen auf 200° (Umluft 180°) vor-
heizen. Butter zerlassen, wieder abkühlen
lassen. Mehl mit Zucker und Backpulver
mischen.

2 | Eier mit Milch und flüssiger Butter
verquirlen, unter die Mehlmischung
rühren. Äpfel schälen und ohne Kerngehäuse in den Teig raspeln. Teig in eine
gefettete Quicheform füllen, im Ofen
(Mitte) 50–55 Min. backen, bis die Ober-
fläche goldbraun ist. Lauwarm in der
Form servieren.

gelingt leicht | raffiniert
Apfelbrötchen

FÜR 12 MUFFINFÖRMCHEN
(2 BLECHE ODER PAPIER-
FÖRMCHEN)

➤ **250 g Mehl (Type 550)**
   3 EL brauner Zucker
   1 TL Zimtpulver
   **je 1 Prise Nelken- und
   Pimentpulver**
   1 TL Trocken-Hefe
   1/4 l lauwarme Milch
   3 Eier
   **2 kleine säuerliche Äpfel
   (Boskop)**
   1 EL Zitronensaft
   Fett für die Förmchen
   **Puderzucker zum
   Bestreuen**

🕐 Zubereitung: 30 Min.
🕐 Ruhezeit: 45 Min.
🕐 Backzeit: 30 Min.
➤ Pro Stück ca.: 135 kcal

1 | Mehl mit Zucker und
Gewürzen mischen. Hefe
in der Milch auflösen, Eier
damit verquirlen. Hefemilch
zum Mehl gießen und untermischen. 30–45 Min. gehen
lassen.

2 | Backofen auf 200° vor-
heizen. Äpfel schälen, Kerngehäuse entfernen und die
Äpfel klein würfeln, mit
Zitronensaft beträufeln.

3 | Muffinförmchen einfet-
ten, Papierformen auf Bleche
stellen. Mulden halb mit Teig
füllen, Apfelwürfel darüber
verteilen und mit dem restlichen Teig abdecken. Im
Backofen (Mitte, Umluft
180°) in 30 Min. goldgelb
backen. Kurz abkühlen lassen,
aus den Förmchen stürzen
und mit Puderzucker be-
streuen.

Spezialität aus
Württemberg
Schärrkuchen
mit Birnen

FÜR 4 PERSONEN:
➤ **400 g Mehl (Type 550)**
   1 Prise Salz
   1/2 Päckchen Hefe
   250 g Mager-Quark
   100 g saure Sahne
   3 EL Zucker
   **2 reife Birnen
   (Williams Christ)**
   2 TL Zitronensaft
   1 TL Zimtpulver
   Öl fürs Backblech

🕐 Zubereitung: 30 Min.
🕐 Ruhezeit: 1 Stunde 45 Min.
🕐 Backzeit: 30 Min.
➤ Pro Portion: ca. 515 kcal

1 | Mehl mit Salz mischen,
eine Mulde eindrücken, 1/4 l
lauwarmes Wasser in die Mulde gießen, Hefe einbröckeln
und anrühren. 15 Min. gehen
lassen, alles mischen und
kräftig kneten. Zugedeckt
1 Stunde warm gehen lassen.
In 4 Stücke teilen und zu
1 cm dünnen Fladen (gut
20 cm Ø) ausrollen. Auf ein
geöltes Backblech legen und
etwa 30 Min. gehen lassen.

2 | Backofen auf 225° (Um-
luft 200°) vorheizen. Quark,
Sahne und 2 EL Zucker verrühren. Birnen schälen, vierteln und Kerngehäuse aus-
schneiden, Birnenviertel in
Spalten schneiden, mit Zitronensaft beträufeln.

3 | Die Fladen mit Quark
bestreichen und mit Birnen-
spalten belegen. Mit restlichem Zucker mit Zimt be-
streuen. Im Backofen (Mitte)
etwa 30 Min. backen, bis der
Zucker leicht karamellisiert
ist. Warm servieren.

originell | für Partys

Krüschkuchen mit Quitten

FÜR 1 FORM (20 CM Ø)

➤ 100 g ungeschälte Mandeln
  100 g Zucker | 100 g Mehl
  1 EL Zitronensaft
  1 TL abgeriebene Zitronen-schale
  1/2 TL Zimtpulver
  75 g Butter
  175 g Quittenmus (siehe Seite 11) oder Quittenkonfitüre
  Butter und Semmelbrösel für die Form

🕐 Zubereitung: 25 Min.
🕐 Backzeit: 40 Min.
➤ Bei 6 Stück pro Stück ca.: 410 kcal

1 | Mandeln mit Zucker im Blitzhacker fein pürieren, mit Mehl, Zitronensaft, Zitronen-schale und Zimt mischen. Butter in kleinen Flöckchen unterkneten, so dass ein bröckeliger Teig entsteht.

2 | Backofen auf 200° vorheizen. Eine kleine Tarte- oder Gratinierform einfetten, mit Semmelbröseln ausstreuen. Gut die Hälfte vom Teig in die Form geben und zu einem Boden mit Rand auseinander drücken. Quittenmus darüber streichen. Den restlichen Teig in Bröseln darüber verteilen und leicht andrücken.

3 | Im Backofen (Mitte, Umluft 180°) 30–40 Min. backen, bis die Brösel gebräunt sind. In der Form abkühlen lassen.

TIPP Den Kuchen am besten über Nacht ruhen lassen, dann schmeckt er saftiger.

raffiniert

Birnenkuchen mit Sahneguss

FÜR 1 SPRINGFORM (26 CM Ø)

➤ 225 g Mehl
  150 g Zucker | 3 Eier
  150 g Butter
  Salz
  750 g reife Birnen (Abate Fetel)
  1 EL Zitronensaft
  200 g Crème fraîche
  1 TL abgeriebene Zitronen-schale
  Fett für die Form
  Mehl zum Ausrollen

🕐 Zubereitung: 45 Min.
🕐 Backzeit: 35 Min.
➤ Bei 8 Stück pro Stück ca.: 500 kcal

1 | Mehl in eine Schüssel füllen, in die Mitte eine Vertiefung drücken. 75 g Zucker, 1 Ei, die Butter in kleinen Stücken und 1 Prise Salz hineingeben, mischen und rasch zu einem Mürbeteig kneten. 30 Min. kühl stellen.

2 | Birnen schälen, vierteln, putzen, Viertel in dünne Spalten schneiden. Mit Zitronen-saft beträufeln. Form fetten. Backofen auf 200° vorheizen.

3 | Teig auf bemehlter Arbeitsfläche etwas größer als die Form ausrollen, in die Form legen und einen Rand hochziehen. Birnenspalten darauf verteilen. Crème fraîche mit 2 Eiern, Zitronen-schale und restlichem Zucker verquirlen, über die Birnen gießen. Im Backofen (Mitte, Umluft 180°) etwa 35 Min. backen, bis die Oberfläche leicht gebräunt ist. Kuchen aus der Form nehmen und auf einem Kuchengitter abkühlen lassen.

originell | raffiniert

Apfelkuchen mit Marzipan

FÜR 1 BACKBLECH:

➤ 300 g Mehl
1/2 TL Backpulver
225 g Butter
325 g Puderzucker
1 Ei | 1 1/2 kg Äpfel
75 g Zucker
2 Päckchen Vanillezucker
1 TL Zimtpulver
3 EL Zitronensaft
200 g Marzipan-Rohmasse
3 Eiweiße
Mehl zum Arbeiten

🕐 Zubereitung: 1 1/4 Std.
🕐 Backzeit: 45 Min.
➤ Bei 8 Stück pro Stück ca.: 395 kcal

1 | Mehl mit Backpulver mischen, 175 g Butter in Flöckchen darauf setzen, mit 125 g Puderzucker und dem Ei rasch verkneten, in Folie wickeln und 1 Std. kühl stellen.

2 | Äpfel schälen, vierteln und putzen, in kleine Schnitze teilen. 50 g Butter erhitzen und leicht bräunen, Äpfel, Zucker, Vanillezucker, Zimt und

Zitronensaft zugeben, zugedeckt etwa 8 Min. dünsten. Ofen auf 180° vorheizen.

3 | Teig auf Mehl ausrollen, auf ein Backblech legen und mehrmals mit einer Gabel einstechen. Im Backofen (Mitte, Umluft 160°) 15 Min. vorbacken.

4 | Äpfel auf dem Teig verteilen. Marzipan, 200 g Puderzucker und Eiweiße cremig rühren, mit dem Spritzbeutel gitterförmig aufspritzen. Kuchen in 30 Min. fertig backen, nach 15 Min. auf 150° (Umluft 140°) schalten.

braucht etwas Zeit

Birnenbrot

FÜR 1 KASTENFORM
(1 3/4 L INHALT)

➤ 750 g Birnen (Alexander oder Conference)
250 g Roh-Rohrzucker
125 g Haselnusskerne
250 g Rosinen
1 EL Kakaopulver
1 TL Lebkuchengewürz
500 g Mehl (Type 550)
1 1/2 Päckchen Backpulver
Fett für die Form

🕐 Zubereitung: 30 Min.
🕐 Ruhezeit: 10 Std.
🕐 Backzeit: 1 1/4 Std.
➤ Bei 20 Scheiben pro Stück ca.: 235 kcal

1 | Birnen schälen und halbieren, Kerngehäuse entfernen. Birnen klein würfeln, in einer Schüssel mit Zucker mischen und zugedeckt über Nacht (mind. 10 Std.) Saft ziehen lassen.

2 | Für den Teig Haselnüsse grob hacken, mit Rosinen, Kakao und Lebkuchengewürz zu den Birnen geben. Mehl mit Backpulver mischen und darüber sieben. Zu einem dicken Teig verarbeiten (falls er noch klebrig ist, 50 g Mehl zugeben).

3 | Backofen auf 180° vorheizen. Die Form einfetten, Teig einfüllen. Im Backofen (Mitte, Umluft 160°) etwa 1 1/4 Std. backen. Mit einem Stäbchen prüfen, ob noch Teig daran kleben bleibt. Form aus dem Ofen nehmen, 5 Min. abkühlen lassen. Birnenbrot auf ein Kuchengitter stürzen und ganz auskühlen lassen.

im Bild vorne: **Apfelkuchen mit Marzipan** *im Bild hinten:* **Birnenbrot** ➤

braucht etwas Zeit

Bayerischer Birnenstrudel

FÜR 6 PERSONEN

➤ 375 g Mehl | 1 TL Salz
3 EL Öl | 1 TL Essig
2 kg reife Birnen
2 EL Zitronensaft
150 g Zucker
1 TL Zimtpulver
100 g Rosinen
100 g Butter
1/4 l Milch zum Begießen

🕐 Zubereitung: 45 Min.
🕐 Backzeit: 45 Min.
➤ Pro Portion ca.: 745 kcal

1 | Mehl mit Salz, Öl, Essig und 1/4 l lauwarmem Wasser zu einem geschmeidigen Teig kneten. In Folie wickeln und mindestens 30 Min. ruhen lassen.

2 | Inzwischen Birnen schälen, vierteln und die Kerngehäuse ausschneiden. Birnen in kleine Würfel schneiden, mit Zitronensaft beträufeln. Zucker mit Zimtpulver mischen. Rosinen in ein Sieb geben und mit warmem Wasser überbrausen, gut abtropfen lassen. Butter sanft schmelzen.

3 | Strudelteig ausrollen (bei Bedarf mit Mehl bestreuen), dann ausziehen: Auf ein Tuch legen, mit beiden Händen – Handrücken nach oben – unter den Teig fahren und nach allen Richtungen so lange ausdehnen, bis er durchscheinend dünn ist. Den Teig mit Butter bestreichen.

4 | Backofen auf 200° vorheizen. Bratreine einfetten. Birnen, Rosinen und Zimtzucker auf dem Teig verteilen. Den Strudel von einer Seite her mithilfe des Tuchs aufrollen und in die Bratreine setzen. Mit Milch übergießen und im Backofen (Mitte, Umluft 180°) etwa 45 Min. backen, bis die Oberfläche knusprig gebräunt ist.

➤ Variante:
Apfelstrudel
Statt Birnen 2 kg säuerliche Äpfel (Boskop oder Cox Orange) schälen und ohne Kerngehäuse in feine Spalten schneiden, mit Zimtzucker und Rosinen auf dem Strudelteig verteilen.

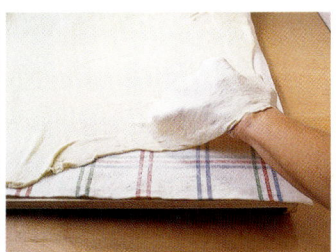

1 Teig ausziehen
Den ausgerollten Teig mit den Händen so dünn wie möglich ausziehen.

2 Teig belegen
Füllung auf dem Teig verteilen, Ränder frei lassen.

3 Strudel aufrollen
Zum Aufrollen das Tuch an einer Längsseite anheben.

originell | preiswert
Quittentarte mit Nusskaramell

FÜR 1 TARTEFORM
(26 CM Ø)

➤ 200 g Mehl
   130 g Zucker
   Salz
   150 g kalte Butter
   1 Ei
   150 g Haselnusskerne
   2 Quitten (ca. 650 g)
   2 EL Zitronensaft
   250 g Sahne
   Fett für die Form
   Mehl zum Arbeiten

⏱ Zubereitung: 45 Min.
⏱ Backzeit: 40 Min.
➤ Bei 10 Stück pro Stück ca.:
   450 kcal

1 | Mehl mit 1 EL Zucker und 1 Prise Salz mischen, die Butter in kleinen Stückchen zugeben. Alles mit den Fingerspitzen verbröseln, bis keine Butterstückchen mehr zu sehen sind. Ei verquirlen, zugeben und rasch untermischen.

2 | Backofen auf 200° vorheizen. Tarteform einfetten. Den Teig in die Form geben, mit bemehlten Händen in der Form ausbreiten und einen Rand formen. 15 Min. kalt stellen.

3 | Haselnüsse auf ein Backblech streuen und im heißen Ofen rösten, bis die Schalen abspringen. Blech aus dem Ofen nehmen, Teig im Backofen (Mitte, Umluft 180°) 15 Min. backen. Dann aus dem Ofen nehmen und abkühlen lassen. Backofen eingeschaltet lassen.

4 | Inzwischen die Quitten schälen und vierteln, Kerngehäuse ausschneiden und die Quitten in feine Spalten schneiden. In einem Topf mit 1 EL Zucker und den Zitronensaft aufkochen lassen und bei schwacher Hitze zugedeckt 10 Min. dünsten.

5 | Die abgekühlten Haselnüsse mit einem Tuch abreiben, Schalen entfernen. Nüsse fein mahlen (mit der Nussmühle oder im Blitzhacker), mit restlichem Zucker und der Sahne mischen.

6 | Quitten abtropfen lassen und auf dem Teig auslegen. Nusssahne darüber gießen und die die Tarte im Backofen (Mitte) etwa 40 Min. backen, bis die Nusssahne karamelisiert ist. In der Form servieren.

➤ Beilage: Zum Kaffee oder als Dessert mit Vanilleeiscreme servieren.
➤ Variante:
   Birnentarte
   650 g feste Birnen wie die Quitten vorbereiten und in Spalten schneiden, aber mit Zucker und Zitronensaft nur 2–3 Min. dünsten.

Desserts

Ob duftender Bratapfel mit knuspriger Füllung, Apfelküchlein oder Karamell-Birnen: Bei solchen Desserts sagt auch nach einem üppigen Essen kaum einer Nein. Alle Gerichte sind ganz einfach und schnell zuzubereiten und schmecken Groß und Klein. Sozusagen ein richtig abschließendes Kapitel. Sie sollten nur darauf achten, möglichst reifes, aromatisches Obst dafür zu verwenden, denn hier soll ja der Geschmack so richtig zum Tragen kommen.

Blitzrezepte

Gefüllte Birnen mit Mascarpone

FÜR 4 PERSONEN

➤ 2 große Birnen (Williams Christ)
100 ml Weißwein (ersatzweise Apfelsaft) | 3 EL Zucker | 200 g Mascarpone
2 EL flüssiger Honig | Zitronenmelisse
zum Garnieren

1 | Birnen schälen, längs halbieren und die Kerngehäuse mit einem Kugelausstecher entfernen. In einem passenden Topf Wein, 1 EL Zucker und wenig Wasser erhitzen, die Birnen darin bei schwacher Hitze 5 Min. garen. Dann abtropfen lassen. Sirup auffangen.

2 | Mascarpone mit 2 EL Zucker mischen, in die Birnen füllen. Den heißen Sirup mit Honig verrühren und um die Birnen gießen. Mit Melisseblättchen garnieren.

Apfelküchlein

FÜR 4 PERSONEN

➤ 125 g Mehl | 1 TL Backpulver
2 Eier | 125 ml Milch | 1 TL Öl
4 kleine säuerliche Äpfel (Boskop)
2 EL Zucker | 1/2 TL Zimtpulver
Butterschmalz zum Braten

1 | Mehl und Backpulver in eine Schüssel geben. Eier, Milch und Öl verquirlen, zum Mehl geben und alles verrühren. Äpfel schälen, Kerngehäuse ausstechen, Äpfel in 1 cm dicke Ringe schneiden.

2 | In einer Pfanne 1 cm hoch Butterschmalz erhitzen. Apfelringe durch den Teig ziehen und bei mittlerer Hitze auf beiden Seiten in je 4–5 Min. goldbraun backen. Zucker mit Zimt mischen, die Apfelküchlein damit bestreuen.

Bratäpfel mit Knusperfüllung

FÜR 4 PERSONEN

- ➤ 2 EL Rosinen
  20 Walnusskerne
  20 ungeschälte Mandeln
  4 EL Apfelgelee (Seite 8)
  1/2 TL Zimtpulver
  30 g Butter
  4 große Äpfel
  (Jonathan, Cox Orange)
  200 g Sahne
  1 EL Vanillezucker
  Butter für die Form

- ⏱ Zubereitung: 15 Min.
- ⏱ Garzeit: 25 Min.
- ➤ Pro Portion ca.: 425 kcal

1 | Backofen auf 200° vorheizen. Rosinen in einem Sieb abspülen, abtropfen lassen. Walnüsse und Mandeln hacken, mit Rosinen, Apfelgelee, Zimt und Butter mischen.

2 | Äpfel gründlich waschen und abtrocknen. Kerngehäuse ausstechen, Äpfel im oberen Drittel schälen. Die Höhlung mit der Rosinen-Nuss-Mischung füllen.

3 | Eine Gratinform einfetten, die Äpfel hineinsetzen und im Backofen (Mitte, Umluft 180°) 20–25 Min. backen, bis die Füllung aufschäumt.

4 | Die gut gekühlte Sahne mit Vanillezucker halbsteif schlagen und extra zu den Bratäpfeln servieren.

- ➤ Variante: Für Erwachsene die Rosinen 10 Min. in 1 EL Cognac, Amaretto oder Rum einweichen.

Mohn-Nudeln mit Birnen

FÜR 6 PERSONEN

- ➤ 100 ml Orangensaft, frisch gepresst
  2 EL Zitronensaft
  60 g Zucker
  1 TL abgeriebene Zitronenschale
  2 Gewürznelken
  2 reife Birnen
  (Gellerts Butterbirne)
  400 g breite Bandnudeln
  Salz
  100 g Butter
  75 g Mohn, frisch gemahlen

- ⏱ Zubereitung: 30 Min.
- ➤ Pro Portion ca.: 495 kcal

1 | In einem Topf Orangen- und Zitronensaft, 30 g Zucker, Zitronenschale und Nelken mischen. Birnen schälen und vierteln, Kerngehäuse ausschneiden. Birnen würfeln und in den Saft geben.

2 | Reichlich Wasser aufkochen lassen, salzen und die Nudeln darin nach Packungsanweisung bissfest kochen, dabei öfter umrühren. Gleichzeitig Birnen aufkochen lassen, zugedeckt bei schwacher Hitze 10 Min. ziehen lassen.

3 | Butter zerlassen und den Mohn (ungemahlenen Mohn in einem Blitzhacker kurz zerkleinern) bei mittlerer Hitze 3–4 Min. anrösten. Restlichen Zucker zugeben.

4 | Gare Nudeln abgießen und kurz abtropfen lassen. Auf Teller verteilen, die gedünsteten Birnen (Gewürze vorher entfernen) über die Nudeln verteilen. Die Mohnbutter darüber träufeln und alles sofort heiß servieren.

schnell | für Gäste

Karamell-Birnen

FÜR 4 PERSONEN

➤ 4 aromatische Birnen (Williams Christ, Packhams)
  4 EL Butter
  4 EL Zucker
  1/2 TL Zimtpulver

⏲ Zubereitung: 30 Min.
➤ Pro Portion ca.: 205 kcal

1 | Backofen auf 225° vorheizen. Die Birnen schälen und längs halbieren. Mit einem Kugelausstecher die Kerngehäuse ausbohren. Die Birnen längs so in Spalten schneiden, dass sie noch am Stielansatz zusammenhängen.

2 | Ofenfeste Teller mit ein wenig Butter bestreichen, die Birnen darauf setzen und fächerartig auseinander drücken (mit einem breiten Messer vorsichtig draufdrücken). Zucker mit Zimt mischen und darüber streuen. Restliche Butter in kleinen Flöckchen darauf verteilen. Im Backofen (Mitte, Umluft 200°) 15 Min. überbacken,

bis der Zucker karamellisiert ist. Dazu passen Schlagsahne und Schokoraspel.

Klassiker auf neue Art

Brotpudding mit Apfelsauce

FÜR 4 PERSONEN

➤ 4 Brötchen vom Vortag
  1 Vanilleschote
  1/2 l Milch | 2 Eier
  6 EL Zucker | 4 EL Butter
  2 Äpfel (Golden Delicious)
  200 g Sahne
  Fett für die Form

⏲ Zubereitung: 45 Min.
⏲ Backzeit: 45 Min.
➤ Pro Portion ca.: 530 kcal

1 | Von den Brötchen die Rinde abreiben (aufheben), die Semmeln in dünne Scheiben schneiden. Eine flache Form einfetten, die Brötchenscheiben einschichten.

2 | Vanilleschote aufschlitzen, Mark in die Milch schaben, Schote zugeben. Die Milch erhitzen (nicht kochen), vom Herd nehmen und 20 Min. ziehen lassen. Eier und 2 EL

Zucker unterquirlen, über die Brötchen gießen, 10 Min. einziehen lassen.

3 | Backofen auf 200° vorheizen. Abgeriebene Brösel und Zucker über den Auflauf streuen, 3 EL Butter in Flöckchen darauf setzen. Im Backofen (Mitte, Umluft 180°) 45 Min. backen.

4 | Für die Apfelsauce Äpfel schälen, vierteln und die Kerngehäuse ausschneiden. Äpfel klein würfeln. 1 EL Butter aufschäumen lassen und die Äpfel darin bei mittlerer Hitze 5 Min. dünsten. 2 EL Zucker darüber streuen, Sahne angießen und aufkochen lassen. Sauce mit dem Pürierstab glatt mixen, warm zum Brotpudding servieren.

➤ Getränk: Apfelsaft-Schorle oder halbtrockener aromatischer Weißwein (Grauer Burgunder aus Baden/Kaiserstuhl)

gelingt leicht | für Gäste
Äpfel im Schnee

FÜR 4 PERSONEN

➤ 4 süße Äpfel
(Golden Delicious)
5 EL Zucker
2 EL Zitronensaft
2 Eiweiße
Fett für die Förmchen
8 Kirschen (frisch oder aus
dem Glas) zum Garnieren

🕐 Zubereitung: 30 Min.
➤ Pro Portion ca.: 160 kcal

1 | Äpfel schälen und die
Kerngehäuse ausstechen.
Äpfel quer halbieren. Mit
2 EL Zucker, 1 1/2 EL Zitronensaft und etwa 1/4 l Wasser
in einen Topf geben, aufkochen lassen und zugedeckt
bei schwacher Hitze 10 Min.
dünsten.

2 | Backofen auf 225° (Um-
luft 200°) vorheizen. Eiweiße
mit restlichem Zitronensaft
und 3 EL Zucker zu sehr fest-
em Schnee schlagen, in einen
Spritzbeutel mit glatter Tülle
füllen.

3 | Flache Portionsförmchen
einfetten, die Äpfel abtropfen
lassen und auf die Förmchen
verteilen. Mit Eischnee um-
spritzen und im Backofen
(Mitte) etwa 10 Min. backen,
bis die Spitzen leicht bräunen.
Jeweils 1 Kirsche auf die Äpfel
legen, heiß servieren.

➤ Variante: Äpfel nicht mit
Kirschen verzieren, son-
dern vor dem Backen je
1 TL Preiselbeer-Konfitüre
in die Äpfel füllen.

originell | für Gäste
Schweizer Quittenkäse

FÜR 4 PERSONEN

➤ 500 g Quittenmus
(Seite 11)
2 EL Quittenlikör (Seite 11)
3 Blatt Gelatine
125 g Magerquark
100 g Sahne
2 EL Puderzucker

🕐 Zubereitung: 25 Min.
🕐 Kühlzeit: 7 Std.
➤ Pro Portion ca.: 430 kcal

1 | Quittenmus durch ein
Sieb in einen Topf streichen,
mit Quittenlikör mischen,
vorsichtig erwärmen.

2 | Gelatine in kaltem Wasser
einweichen, leicht ausdrücken
und unter das Quittenmus
mischen. Alles erhitzen, bis
sich die Gelatine aufgelöst hat.
Den Quark untermischen
und die Masse in eine Schüs-
sel füllen. In den Kühlschrank
stellen, bis die Mischung zu
gelieren beginnt.

3 | Sahne mit Puderzucker
steif schlagen und mit einer
Gabel locker unter die Quit-
tenmasse heben. In Portions-
förmchen füllen und im
Kühlschrank in 4–6 Std. fest
werden lassen. Zum Servieren
den Quittenkäse aus den
Förmchen stürzen.

➤ Getränk: ein fruchtiger
Weißwein mit zarter Säure
(z. B. ein Fendant du Valais
aus dem Schweizer Wallis)

TIPPS

➤ Quittenkäse ist eine
alte Schweizer Spezia-
lität, die nichts mit
Käse zu tun hat, wohl
aber gern mit würzigem
Käse (zum Beispiel
Greyerzer) als Nach-
tisch serviert wird.

➤ Für Quittenmus die
Reste von der Geleezu-
bereitung nochmals mit
Zucker kochen.

Spezialität aus Israel

Kissel mit Birnen und Pflaumen

FÜR 4 PERSONEN

- ➤ 350 g reife gelbe Birnen (Williams Christ)
- 350 g dicke blaue Pflaumen
- 175 g Zucker
- 2 EL Speisestärke
- Minzeblättchen zum Garnieren

🕐 Zubereitung: 30 Min.
🕐 Kühlzeit: 4 Std.
➤ Pro Portion ca.: 275 kcal

1 | Birnen und Pflaumen waschen, putzen und vierteln (aber nicht entkernen) und in einen Topf geben. 1/2 l Wasser aufgießen und aufkochen lassen. Offen bei mittlerer Hitze 20 Min. kochen lassen, bis das Obst zerfällt. Alles vorsichtig durch ein Sieb streichen, so dass die Kerne und Schalen zurück bleiben.

2 | Püree wieder in den Topf füllen, den Zucker unterrühren und einmal kräftig aufkochen lassen.

3 | Speisestärke mit etwas kaltem Wasser anrühren, in den kochenden Fruchtsaft einrühren und einmal aufkochen lassen. Vom Herd nehmen und abkühlen lassen. Das Püree in Dessertgläser füllen und im Kühlschrank 3–4 Std. kühlen. Mit Minzeblättchen garniert servieren.

➤ Beilage: Zu der leicht flüssigen Obstgrütze saure Sahne, mit Vanillezucker cremig gerührt, servieren.

preiswert | für Gäste

Apfelschmarrn mit Rosinen

FÜR 4 PERSONEN

- ➤ 3 säuerliche Äpfel (Gloster, Boskop)
- 2 EL Zitronensaft
- 125 g Mehl
- 200 ml Milch
- Salz
- 4 Eier
- 50 g Rosinen
- 1 TL abgeriebene Zitronenschale
- 50 g Butter
- 50 g Zucker
- 2 EL Apfel-Korn (Seite 9), ersatzweise Apfelsaft

🕐 Zubereitung: 30 Min.
➤ Pro Portion ca.: 450 kcal

1 | Äpfel schälen, vierteln und entkernen. Äpfel in dünne Spalten schneiden, in Wasser mit Zitronensaft legen. Mehl mit Milch und 1 Prise Salz verquirlen, Eier, Rosinen und Zitronenschale unterrühren.

2 | In einer Pfanne 30 g Butter aufschäumen lassen. Apfelspalten abtropfen lassen und in der Butter 2–3 Min. andünsten. Mit Zucker bestreuen und unter Wenden leicht karamellisieren lassen. Den Teig darüber gießen und einen Deckel auflegen.

3 | Pfannkuchen bei schwacher Hitze etwa 10 Min. backen, dann wenden, dabei die restliche Butter in die Pfanne geben. Pfannkuchen offen noch 3 Min. braten, in der Pfanne in Stücke reißen und unter Wenden kurz weiter braten. Mit Apfel-Korn beträufeln und heiß servieren.

➤ Getränk: ein weich-fruchtiger, nussiger Weißwein (z. B. ein Neuburger aus Gumpoldskirchen oder ein Chardonnay aus Südtirol)

Zum Gebrauch

Damit Sie Rezepte mit bestimmten Zutaten noch schneller finden können, stehen in diesem Register zusätzlich auch beliebte Zutaten wie Hackfleisch oder Quark – ebenfalls geordnet und **halbfett** gedruckt – über den entsprechenden Rezepten.

Der Autor

Reinhardt Hess machte nach dem Geografie-Studium sein Hobby zum Beruf und lernte bei der größten deutschen Kochzeitschrift das Handwerk, arbeitete dann in Kochbuchverlagen und ist seit 10 Jahren freier Autor, hat über 40 Koch- und Weinbücher geschrieben oder daran mitgearbeitet, zwei davon wurden mit der Silbermedaille der Gastronomischen Akademie ausgezeichnet. Lieblingsthemen sind Mittelmeerküche und pfiffige, originelle Rezepte, die er in seiner Küche selbst entwickelt.

Der Fotograf

Jörn Rynio arbeitet als Fotograf in Hamburg. Zu seinen Auftraggebern gehören nationale und internationale Zeitschriften, Buchverlage und Werbeagenturen. Aus seinem Studio stammen alle Rezeptfotos in diesem Band. Tatkräftig unterstützt wurde er dabei von der Foodstylistin Petra Speckmann.

Bildnachweis

alle Bilder von Jörn Rynio außer: S. 5 (4), S. 6/7: Foodfotografie Teubner

Gedruckt auf Primasilk 130 g/qm holzfrei mattgestrichen Bilderdruck, made by StoraEnso, geliefert von der Papier Union

© 2003 Gräfe und Unzer Verlag GmbH, München

Programmleitung: Doris Birk
Leitende Redakteurin: Birgit Rademacker
Redaktion: Stefanie Poziombka
Lektorat: Adelheid Schmidt-Thomé
Layout, Typografie und Umschlaggestaltung: Independent Medien Design, München
Satz: Verlagssatz Lingner
Herstellung: Helmut Giersberg
Reproduktion: Repro Ludwig, Zell am See
Druck und Bindung: Druckhaus Kaufmann, Lahr

ISBN 3-7742-6058-3

Auflage 5. 4. 3. 2. 1.
Jahr 2007 06 05 04 03

GRÄFE
UND
UNZER

Ein Unternehmen der
GANSKE VERLAGSGRUPPE

Das Original mit Garantie

Ihre Meinung ist uns wichtig. Deshalb möchten wir Ihre Kritik, gerne aber auch Ihr Lob erfahren. Um als führender Ratgeberverlag für Sie noch besser zu werden. Darum: Schreiben Sie uns! Wir freuen uns auf Ihre Post und wünschen Ihnen viel Spaß mit Ihrem GU-Ratgeber.

Unsere Garantie: Sollte ein GU-Ratgeber einmal einen Fehler enthalten, schicken Sie uns das Buch mit einem kleinen Hinweis und der Quittung innerhalb von sechs Monaten nach dem Kauf zurück. Wir tauschen Ihnen den GU-Ratgeber gegen einen anderen zum gleichen oder ähnlichen Thema um.

Ihr Gräfe und Unzer Verlag
Redaktion Kochen
Postfach 86 03 25
81630 München
Fax: 089/41981-113
e-mail: leserservice@ graefe-und-unzer.de

ÄPFEL, BIRNEN UND QUITTEN

- Das meiste Kernobst hat erst einige Zeit nach dem Pflücken sein bestes Aroma (Genussreife).
- Zum Kochen und Einmachen eignet sich auch Fallobst. Gründlich waschen und braune Stellen großzügig ausschneiden. Auf Wurmlöcher achten!
- Obst kühl, dunkel und feucht lagern.

Geling-Garantie für Äpfel und Birnen

SAUBERKEIT

- Hygiene ist ganz wichtig, sonst verdirbt Eingemachtes sehr rasch. Hände mit einer unparfümierten Seife waschen und bürsten.
- Arbeitsgeräte und Schneidbretter heiß spülen, mit einem frischen Küchentuch abtrocknen.
- Naturholzbretter nicht abtrocknen, dann saugen sie sich nicht mit Obstsaft voll.

EINKOCHEN

- Im Backofen: Gläser auf ein Backblech in 2 cm Wasser stellen und bei 125° kochen.
- Im Kochtopf: Gläser auf ein Tuch stellen, Wasser bis knapp unter den Rand einfüllen, langsam aufkochen.
- Die Einkochzeit beginnt, wenn das Wasser im Topf siedet oder der Ofen die eingestellte Temperatur erreicht hat.

KONTROLLE

- Alle Gläser ausführlich beschriften: Inhalt und Verwendung, Einkochdatum.
- Kühl und dunkel (z. B. im Keller oder im Schlafzimmerschrank) aufbewahren.
- Öfter durchsehen, ob sich Schimmel gebildet hat oder ob sich Deckel aufwölben.
- Beim Öffnen in jedes Glas kritisch hineinriechen, ob der Inhalt in Ordnung ist.